Inhalt

Der Mindestlohn - eine sinnvolle Strategie für deutsche Unternehmen?

Kernthesen

Beitrag

Fallbeispiele

Weiterführende Literatur

Impressum

Der Mindestlohn - eine sinnvolle Strategie für deutsche Unternehmen?

G.Dengl

Kernthesen

- Deutschland möchte ähnlich wie in Frankreich und England branchenspezifische Mindestlöhne einführen, um dem Lohnwucher entgegenzuwirken. Voraussetzung hierfür ist, dass genügend Unternehmen Interesse daran zeigen.
- Die Einführung des Mindestlohns wird jedoch von Politik und Wirtschaft kontrovers diskutiert. Besonders die Wirtschaftsexperten halten nichts davon, während Politiker durch den Mindestlohn

die Einkommenssituation von Beschäftigten im Niedriglohnsektor verbessern möchten.
- Bisher haben sieben Branchen Interesse daran, den Mindestlohn einzuführen.

Beitrag

Politiker behaupten die Einführung eines branchenspezifischen Mindestlohns würde die Einkommenssituation einiger Arbeitnehmer verbessern. Die Wirtschaft hingegen, ist bis auf einige wenige Brachen skeptisch. Viele Unternehmen, zum Beispiel Postdienstleister, sind vehement dagegen, klagen sogar vor der europäischen Wettbewerbskommission, fordern einen fairen Wettbewerb und keine hohen Mindestlöhne.

Wirtschaftsexperten sind gegen Mindestlohn

Die Einführung eines Mindestlohns wird von deutschen Wirtschaftsexperten sehr kritisch betrachtet. Sieben führende Wirtschaftsforschungsinstitute haben die Bundesregierung gebeten, die Pläne für einen Mindestlohn zurückzuziehen. Der Schaden für die

Wirtschaft wäre zu groß, besonders die Arbeitslosigkeit würde steigen. In der Postbranche gingen so bereits einige Tausend Arbeitsplätze verloren. Auch das Institut für Wirtschaftsforschung in Halle sieht die Einführung eines Mindestlohns, besonders für Ostdeutschland, kritisch. Vor allem Jobs im Dienstleistungsbereich seien nach Meinung von Forschern gefährdet. Besonders betroffen wären der Einzelhandel und das Gastgewerbe. (1), (4), (5)

Mindestlohn bremst Investitionen der Unternehmen

Ein weiterer negativer Aspekt der Einführung eines Mindestlohns ist, dass Unternehmen ihre Investitionen neu bedenken, oder gar zurückziehen. Der Mindestlohn für die Postbranche hat zum Beispiel den Axel Springer Verlag dazu veranlasst, über einen Verkauf seiner Pin Group Aktienanteile nachzudenken. Eine Schließung des Unternehmens sei auch möglich. Der Verlag hatte vor kurzem, durch eine erneute Investition in Höhe von 510 Millionen Euro, seinen Aktienanteil an der Pin Group auf 71,6 Prozent aufgestockt. Vor dem Mindestlohn sah Springer die Postbranche als lukrativen Markt, jetzt wird durch die hohen Löhne ein fairer Wettbewerb

nicht mehr möglich sein. Da Postkonkurrenten im Briefgeschäft unter 50 Gramm nicht zugelassen sind, sie nicht wie die deutsche Post von der Mehrwertsteuer (19 Prozent) befreit sind, war der niedrige Lohn die einzige Möglichkeit, sich gegen die deutsche Post zu wehren. Durch die Einführung des Mindestlohns fällt dieser Vorteil vorerst weg.
Auch die Firma TNT hat durch den hohen Mindestlohn, ihre Expansionspläne für einen flächendeckenden Zustelldienst, mit dem Zusteller Hermes erst einmal verschoben. Um Marktanteile in Deutschland, gegen die Deutsche Post zu gewinnen, sei viel mehr Geld nötig als vorgesehen. (3)

Europäische Kommission beobachtet deutsche Mindestlohndebatte

Auch die europäische Wettbewerbskommission achtet auf die deutsche Lohndebatte. Sie fordert grundsätzlich eine Gleichbehandlung für alle Unternehmen und einen fairen Wettbewerb. Ein Mindestlohn könne dies stark gefährden und sei nicht im Interesse der EU. Viele Unternehmen schließen sich dieser Meinung an. Noch hat die EU nicht vor, rechtliche Schritte gegen Deutschland einzuleiten. (6)

Top-Manager sehen Mindestlohn gelassen entgegen

Laut einer Befragung des Handelsblatt Business-Monitors möchten nur wenige Manager eine staatliche Lohnuntergrenze. Nur fünf Prozent aller Befragten halten es für "dringend erforderlich". Die meisten sehen auch keine negativen Folgen für ihr Unternehmen bei einer Einführung eines Mindestlohns. Allerdings gehen 22 Prozent der Manager davon aus, dass die Lohndebatte ihre Personalplanung "etwas" bis "stark" beeinflusst. Im Branchenvergleich liegt die verarbeitende Industrie, mit 30 Prozent hier am höchsten. Mögliche Reaktionen wären ein Personalabbau oder die Verlagerung von Produktionsstandorten ins Ausland. (2)

Fallbeispiele

Mindestlohn auch für Juristen?

Während Großkanzleien Absolventen mit hervorragendem Staatsexamen Jahresgehälter von über 100 000 Euro bezahlen, verdienen Absolventen mit ausreichendem Abschluss oftmals nur knapp 10 000 Euro im Jahr. Ein Urteil des Anwaltsgerichtshof hat nun eine Art Mindestlohn für Junganwälte festgelegt. Ein Monatsgehalt von 2 300 Euro sei für einen unerfahrenen Anwalt gerechtfertigt. Diese Summe ist allerdings nur ein Richtmaß und nicht gesetzlich verankert. (9)

Niederländische Post verklagt Deutschland in Brüssel

Deutschland hat für die Postbranche einen Stundenmindestlohn von 9,80 Euro beschlossen. Die PIN Group, einer der Hauptkonkurrenten der Post, hat daraufhin Klage eingereicht. Als Gründe führt PIN Group an: der festgesetzte Lohn sei zu hoch und außerdem verhindere er einen fairen Wettbewerb. Ein deutsches Verwaltungsgericht hat der PIN Group im

März Recht gegeben. Das Urteil ist allerdings noch nicht rechtskräftig, da das Arbeitsministerium Berufung beantragt hat.
Auch im Ausland wird der Mindestlohn für die Postbranche mit Skepsis betrachtet. Die holländische Post sieht im Mindestlohn eine Gefahr für den Wettbewerb und hat eine formelle Beschwerde vor der europäischen Wettbewerbskommission eingereicht. Zur Zeit wird die Beschwerde noch geprüft. Experten erwarten jedoch, dass die EU sich für den Wettbewerb und gegen den Postmindestlohn entscheiden wird. (10)

Das Land Berlin zwingt Unternehmen zum Mindestlohn

Das Land Berlin hat beschlossen seine Aufträge zukünftig ausschließlich an Firmen zu vergeben, die einen Mindeststundenlohn von 7,50 Euro bezahlen. Diese Regelung gilt für alle Branchen und auch für Unternehmen, die ursprünglich mit ihren Mitarbeitern einen Tarifvertrag über einen geringeren Stundenlohn vereinbart haben. Damit versucht das Land dem Lohnwucher entgegenzuwirken. Die Unternehmen jedoch sind empört, dass sich die Politik einmischt und mit dieser Maßnahme keinen fairen Wettbewerb zulässt. Anwälte sehen in der festen Lohnvorgabe einen Verstoß gegen die europäische Vergaberichtlinie. Der Zweck der Vergaberichtlinie ist, den europäischen Wettbewerb um öffentliche Aufträge anzukurbeln. Durch den Mindestlohn werden aber günstigere Anbieter aus den EU-Beitrittsländern automatisch ausgeschlossen. (11)

Weiterführende Literatur

(1) Wirtschaftsexperten gegen den Mindestlohn
aus Hamburger Abendblatt, 14.03.2008, Nr. 63, S. 2

(2) Handelsblatt Business-Monitor Mindestlohn lässt Top-Manager kalt
aus HANDELSBLATT online 10.03.2008 19:19:53

(3) Mindestlohn stoppt Investitionen
aus Finanz und Wirtschaft vom 05.12.2007, Seite 39

(4) Mindestlohn als Problem Manchmal ist ein Mindestlohn keine Hilfe, sondern ein Grund zur Betriebsschließung
aus taz, 01.04.2008, S. 3

(5) O.V., Jobverlust bei Mindestlohn/Dienstleister betroffen, Mitteldeutsche Zeitung, 22.02.08
aus taz, 01.04.2008, S. 3

(6) Mindestlohn ruft Brüssel auf den Plan
aus Frankfurter Allgemeine Zeitung, 20.03.2008, Nr. 68,

S. 17

(7) "Der Mindestlohn kommt auch in der Zeitarbeit"
aus Frankfurter Allgemeine Zeitung, 26.03.2008, Nr. 71,
S. 15

(8) Französischer Mindestlohn steigt zweimal
aus Handelsblatt Nr. 021 vom 30.01.08 Seite 6

(9) Mindestlohn für Anwälte?
aus Handelsblatt Nr. 036 vom 20.02.08 Seite 18

(10) Hollands Post verklagt Berlin in Brüssel TNT
reicht Beschwerde wegen Mindestlohn ein
aus Financial Times Deutschland vom 27.03.2008,
Seite 14

(11) Mindestlohn für Staatsaufträge in Berlin
aus Frankfurter Allgemeine Zeitung, 18.03.2008, Nr. 66,
S. 10

Impressum

Der Mindestlohn - eine sinnvolle Strategie für deutsche Unternehmen?

Bibliografische Information der deutschen Nationalbibliothek

Die Deutsche Nationalbibliothek verzeichnet diese Publikation in der deutschen Nationalbibliografie; detaillierte bibliografische Daten sind im Internet über http://dnb.d-nb.de abrufbar.

ISBN: 978-3-7379-1238-9

© 2015 GBI-Genios Deutsche Wirtschaftsdatenbank GmbH, Freischützstraße 96, 81927 München, www.genios.de

Alle Rechte vorbehalten. Dieses Werk ist einschließlich aller seiner Teile – z.B. Texte, Tabellen und Grafiken - urheberrechtlich geschützt. Jede Verwertung außerhalb der Grenzen des Urheberrechtsgesetzes bedarf der vorherigen Zustimmung des Verlags. Dies gilt insbesondere auch für auszugsweise Nachdrucke, fotomechanische

Vervielfältigungen (Fotokopie/Mikroskopie), Übersetzungen, Auswertungen durch Datenbanken oder ähnliche Einrichtungen und die Einspeicherung und Verarbeitung in elektronischen Systemen.